SOUVENIRS DE NOTRE-DAME

(9)

PARIS — IMPRIMERIE DE SIMON RAÇON ET COMP., RUE D'ERFURTH, 1

SOUVENIRS DE NOTRE-DAME

Il y aura toujours parmi nous des amis de la parole libre. Nous ne la trahirons jamais ni sans regrets ni sans retour. Chrétiens, ne dussions-nous lire que l'office de chaque dimanche dans nos églises, c'en serait assez pour nous rappeler que la parole libre fut l'arme de nos premières victoires, la seule à laquelle Jésus-Christ ait promis la conquête du monde ; Français, nous sommes de cette race que le vieux Caton dépeignait en deux mots : la parole et la guerre ; *rem militarem et argute loqui*[1].

Je voudrais dire plus ; il me semble que ces deux traits s'unissent dans notre prédilection. Car nous aimons une éloquence qui combat, et il nous faut, si je l'ose dire, des guerres éloquentes. Ne nous parlez pas de ces guerres de marchands où les profits sont certains, si la gloire est médiocre : le peuple ici ne se passionne et ne donne volontiers son sang que pour les épopées ; il veut des combats qui parlent : les croisades, l'expédition d'Égypte, la Russie avec ses chances terribles : peut-être Moscou, peut-être aussi Sébastopol.

Je retrouve ce goût mâle et belliqueux dans l'éloquence française, même celle de la chaire. Nous aimons que l'orateur sacré paraisse comme en un combat et porte la parole comme un glaive, glaive d'amour qui ne frappe jamais que pour guérir. Voilà pourquoi le grand Bossuet est resté parmi nous le type de l'éloquence chrétienne : ce brillant génie combat toujours. L'erreur, l'indifférence, la mollesse des grands, les scandales du monde, les scandales mêmes du roi, autant d'ennemis qu'il aborde dans la chaire avec une ardeur à la fois

---

[1] M. Cato, *Origin. secundo.* — *Charisius. instit. grammat.*

contenue et impétueuse. Ses coups sont assurés : mais la main qui les porte est une main d'évêque, et dans une éloquence si vigoureuse rien ne blesse jamais la douceur de l'Évangile.

Dieu nous avait réservé l'honneur d'assister aux victoires d'une de ces éloquentes paroles qui combattent sans cesse d'aimer et se font des amis de ceux qu'elles ont vaincus. Pendant plus de vingt ans cette parole a retenti parmi nous ; et, si les jours présents nous ont apporté son silence avec d'autres tristesses, ils n'ont fait que rendre nos souvenirs plus chers et plus précieux.

A ces souvenirs pleins de regrets une consolation vient d'être offerte. On a réuni dans une édition nouvelle tout ce que le révérend père Lacordaire a dit ou écrit parmi nous pour l'édification de ce siècle et la gloire de Dieu. Plusieurs que cette nouvelle réjouissait ont pensé qu'un signe de fidèle admiration, d'impérissable reconnaissance envers l'orateur de Notre-Dame, trouverait dans la réimpression de ses œuvres une véritable opportunité; nous avons entrepris de les satisfaire. Mais, parce qu'un bel édifice trouve sa meilleure gloire à se montrer, nous avons cru ne pouvoir mieux répondre aux désirs de nos lecteurs qu'en jetant avec eux un coup d'œil respectueux et filial sur l'œuvre entière accomplie par l'illustre religieux.

Nous convions nos amis, surtout ceux-là qui, comme nous, vinrent s'asseoir presque enfants au pied de la chaire de Notre-Dame et grandirent à son ombre, nous les convions à cette intime fête des souvenirs. Dispersés par cette force du temps qui est un des maîtres de la vie humaine, ils accepteront de revenir une fois en esprit sous ces voûtes sacrées où l'on était fier d'être chrétien, où la plus belle cause qui puisse être plaidée sur la terre trouvait pour la défendre la voix la plus forte et la plus libre que notre âge ait entendue. Peut-être aussi ces nobles échos les consoleront-ils d'un temps où la passion du silence a gagné la plupart des âmes, et qui se montre plus jaloux de ne rien entendre qu'on ne l'était naguère de tout dire. C'est donc à ce petit nombre demeuré fidèle, et qui n'a pas rejeté de son cœur le respect de la parole, c'est à lui que nous adressons ces pages : puissent-elles lui apporter à la fois un souvenir et une espérance !

Le glaive de la parole libre ne brilla jamais d'un plus pur éclat qu'aux mains de l'apologie chrétienne. Il ne soutint jamais plus rude combat, il ne remporta jamais plus douce et plus noble victoire; disons aussi qu'il ne demanda jamais à la main qui le porte plus de science et de justesse. L'apologiste en effet ne veut pas parler à tous les temps ; il ne s'adresse pas à tous les hommes. Sa mission n'est pas d'élever un monument où rien ne paraisse qui ne soit éternel : l'apologiste entre au contraire dans le temps ; il aborde les hommes de son siècle, il parle à ceux-ci, et non point à d'autres, il est l'un d'eux. Chargé de rendre intelligible au temps la langue de l'éternité, plus il connaîtra les hommes de ses jours, plus il saura deviner leurs besoins, plaindre et respecter leurs douleurs, partager leurs aspirations, parler leur langage; plus faciles aussi seront ses conquêtes, plus assurée sa victoire. Cependant qu'il ne l'oublie pas : la doctrine dont il est le prédicateur est une doctrine éternelle et qui en elle-même ne saurait admettre de changement. Il n'y a pas deux façons de croire à la divinité de Jésus-Christ, bien qu'il y ait plusieurs manières de la défendre, et, si les moyens de la persuasion sont différents, au fond la chose est la même et ne se peut jamais contredire. Qu'il soit donc l'homme de son pays, l'homme de son temps ; qu'il soit Grec à Athènes, Français en France, Anglais en Angleterre ; qu'il soit philosophe avec les philosophes comme saint Justin et Clément d'Alexandrie, avocat en pays juridique comme Tertullien, linguiste et exégète comme Origène ; qu'il soit au dix-septième siècle logicien et orateur avec Bossuet, mystique et réformateur avec Fénelon ; qu'il se fasse naturaliste et géologue pour prêcher l'Évangile aux contemporains de Cuvier : tout lui appartient, tout est de son domaine, et la foi trouvera sa gloire dans une diversité si féconde : *circumdatu varietate ;* mais que tant de liberté ne l'égare pas, et que, sans l'abdiquer ni la trahir, il ne s'en serve que pour établir plus sûrement l'inviolable unité de la doctrine.

De là deux parts dans l'apologie : la part de l'éternité, qui est la foi catholique toujours semblable à elle-même, toujours immuable si l'on veut entendre par ce mot qu'elle ne saurait ni changer ni se contredire, et la part du temps, variable selon les âges, le génie des nations, les besoins des siècles, variable aussi selon le cœur de celui qui la porte, et libéralement abandonnée par l'église à ses inspirations. Dans la première l'apologiste trouve les grandes vérités qui font la base de la doctrine et doivent être prêchées partout, toujours, par tous, *quod semper, quod ubique, quod ab omnibus;* dans la seconde, il rencontre toutes les questions du temps, les problèmes sociaux, les ardeurs politiques, la paix et la guerre, la servitude et la liberté, tout ce grand monde que Dieu a livré à la discussion des hommes : *Mundum tradidit disputationi eorum*[1]. Dispute solennelle, souvent triste, à laquelle toutefois nul n'a le droit d'assister en indifférent, mais où, le triomphe de la justice dépendant un peu de chacun, chacun doit sa part de veilles, de sang ou de vertus !

Telles sont les deux régions dont le domaine appartient à l'apologiste ; mais, si nous avons pu les distinguer aussi nettement pour déterminer leurs limites, il s'en faut qu'elles soient ainsi séparées dans la réalité des choses. Leur vraie force au contraire n'est que dans leur

---

[1] Eccles, III, 11.

alliance. Vingt fois tour à tour, dans la même heure, homme du temps et homme de l'éternité, l'apologiste enveloppe la vérité immuable de ce manteau d'un jour qui la rend plus accessible aux hommes ; tout à l'heure il cherchait et discutait comme un fils du siècle, mais voici que tout à coup il décide et commande comme un fils de Dieu : « parole singulière, moitié religieuse et moitié philosophique, qui affirme et qui débat, et qui semble se jouer sur les confins du ciel et de la terre[1]. »

Résolu de donner à l'Église de France, après la captivité religieuse du dix-huitième siècle, la grâce d'une éclatante apologie, Dieu n'avait pas livré au hasard le choix de son serviteur. Il l'avait pris à cette noble province de Bourgogne, guerrière et fougueuse, et qui jadis avait porté si loin la vaillance du sang de ses ducs ; il l'avait pris à cette ville de Dijon qui donna le jour à saint Bernard et à Bossuet. Je retrouve donc ici ces traditions éloquentes et belliqueuses qui communiquent à la parole française une vigueur singulière : je reconnais encore le Français du vieux Caton : *Rem militarem et argute loqui.* Cette parole si libre et si bien armée, longtemps abandonnée aux combats du monde et comme imprégnée de son siècle. Dieu se plaît maintenant à la dompter et à tempérer ses ardeurs par la douceur de l'Évangile. Ce n'est pas assez qu'elle sorte d'une bouche consacrée à Jésus-Christ par le sacerdoce : un frein plus fort lui sera donné pour la défendre contre l'enivrement de sa propre puissance. Ce sera la vie religieuse avec ses grands vœux de pauvreté, de chasteté, d'obéissance. Cette éloquence si libre apparaîtra sous le froc d'un moine ; cet homme si vraiment fils de son temps et de sa patrie, qui en porte en tout lui-même les traits et la ressemblance, le voilà du même coup l'homme du treizième siècle ! Dieu qui connaît les ressorts des âmes sait tout faire arriver à ses desseins. Une nature si riche et si dirigée, une vigueur si puissante et si conduite, donneront au prédicateur de Notre-Dame la rare alliance d'une ardeur intrépide avec une grande modération. De là cette sagesse de vues qui le gardera des écueils et qui lui permettra de satisfaire souvent la raison ombrageuse du siècle sans affaiblir jamais la vérité de l'Évangile ; de là ce bel assemblage de force et de douceur qui éclate dans des livres où sont traitées les plus brûlantes questions sans qu'une seule âme puisse être blessée par leur lecture ; de là ces hardiesses portées sur l'abîme par l'aile d'un ange ; et, pour en venir aux derniers détails, de là ce prodige d'entraînement et de possession de soi, d'enthousiasme et de calme ; de là ces « élans contenus, » ressorts intimes de l'éloquence, qui étonneront et tiendront suspendues d'immenses assemblées.

[1] *OEuvres du R. P. Lacordaire.*-Préface aux *Conférences.*

Il peut venir maintenant, il est prêt : Dieu l'a fait selon ses desseins; il est tel que sa mission l'exige : l'éloquent religieux saura être antique comme l'Église et jeune comme nous. Successeur de ceux « qui administrèrent la parole dès le commencement, » successeur des pères et des docteurs, fils et frère du grand Thomas d'Aquin, il nous transmettra la somme de la foi depuis ses harmonies les plus éloignées et les plus extérieures jusqu'à ses plus intimes et ses plus mystérieuses. Mais l'éternelle inflexibilité de la doctrine ne lui cachera pas nos blessures et le besoin qu'il y a de les toucher avec amour. Il nous cherchera donc et nous abordera par le côté le plus accessible de nos âmes; il sera si vraiment homme avec nous, que nous voudrons être chrétiens et enfants de Dieu avec lui. C'est là que sera son vrai triomphe; c'est dans l'intelligence profonde de ces deux devoirs de l'apologie chrétienne; et cette intelligence sera si précise, si heureuse, que, ni dans l'une ni dans l'autre des deux régions où elle s'exerce, ni dans la région de l'immuable foi, ni dans la région des opinions du siècle, elle ne trahira jamais la mission de Dieu ni les droits de la justice.

Recueillons maintenant les effets de cette préparation deux fois admirable; et, précisant nos souvenirs, suivons le grand et cher prédicateur dans l'une et l'autre de ces régions où tant de fois sa parole nous entraîna.

I

On a dit que l'éloquence du père Lacordaire semblait faire tort à sa théologie. De bons esprits se sont laissé surprendre par cette parole libre, hardie, spirituelle, quelquefois amie des hasards; et ils ont méconnu la suite rigoureuse de la doctrine. Tant de nouveauté dans l'exposition, tant de brillant dans la défense, tant de surprises dans l'action oratoire, les ont comme éblouis; ils se sont dit : C'est un orateur. Ce jugement, injuste parce qu'il est incomplet, devait être redressé par la lecture des Conférences; mais les Conférences ne sont pas une lecture, elles sont encore, elles sont toujours un discours. L'observation que nous nous croyons le droit d'énoncer ici deviendrait peut-être une critique sous d'autres plumes : sous la nôtre, qu'elle soit à peine un regret. Il est certain que trop de richesse et trop d'éclat dans cette éloquence imprimée n'ont pas peu contribué à maintenir quelque mésintelligence entre les Conférences de Notre-Dame et certains directeurs de séminaire. Il est bien entendu que les Conférences ont tort, et qu'un traité de théologie pourrait être moins vif. Mais voyez combien de choses se fait pardonner un bon livre !

Non-seulement la plus scrupuleuse orthodoxie n'a rien reproché à cette grande exposition de la doctrine catholique, mais elle lui a même pardonné ses défauts, et nous avons entendu souvent de longues citations des conférences dans la bouche de nos savants et vénérés professeurs.

Quand on ouvre pour la première fois les *Conférences de Notre-Dame*, ce qui doit frapper d'abord, c'est le plan que s'est tracé l'apologiste. Pour en comprendre l'économie nouvelle, il importe d'avoir présent à l'esprit ce que nous venons de dire sur les deux éléments, les deux parts de l'apologie : la part de l'éternité, qui est l'essentiel de la doctrine et ne change jamais; et la part du temps, qui au contraire change toujours et exige de l'orateur chrétien une extrême flexibilité dans l'exposition et la défense de la foi.

Or non-seulement à l'égard de la doctrine, mais même à l'égard de l'exposition et de la défense, le R. P. Lacordaire rencontrait des traditions établies, respectées, qu'il ne pouvait abandonner sans de solides raisons. Ces traditions conseillent à l'apologiste chrétien de ne point conduire la raison incrédule sur le terrain des vérités révélées avant de lui avoir fortement démontré d'abord l'existence d'un ordre surnaturel. Elles indiquent donc comme nécessaire à une exposition rigoureuse de la doctrine l'établissement préalable de certaines vérités fondamentales, très-exactement nommées *préambules de la foi*, après l'acceptation desquelles, mais alors seulement, l'apologiste peut passer outre et aborder directement la révélation. Encore une fois ces traditions sont respectées. Les théologies s'ouvrent très-logiquement par le traité de la vraie religion, qui est l'ensemble des vérités préliminaires; et, bien que nous n'osions avancer une opinion en matière si grave, il nous semble que la conception d'un plan différent, si heureuse et si opportune que les circonstances l'aient rendue, n'a pas fait que l'ancienne coutume ne demeurât comme la plus logique, la plus méthodique, et la plus généralement satisfaisante pour les esprits[1].

A quels signes le R. P. Lacordaire put-il donc reconnaître qu'il y aurait avantage à contrarier de si sages traditions, et à commencer

[1] Le P. Lacordaire pardonnera d'autant plus volontiers ce sentiment, qu'il le partage, et qu'il a formellement exprimé son attachement à la forme traditionnelle de la polémique dans la lettre à M. Aug. Nicolas, publiée en tête des *Études philosophiques sur le christianisme*. J'ai remarqué dans cette lettre les passages suivants : « J'admire d'abord avec quel scrupule vous avez respecté la forme « donnée depuis deux siècles à notre polémique contre l'incrédulité. » — « Jusqu'ici je vous ai loué de l'obéissance filiale avec laquelle vous avez accepté la « tradition de la polémique chrétienne contre l'incrédulité... » — « J'ai été surpris que, dans votre première partie, vous ayez traité de l'âme avant de traiter de Dieu. Ce n'est point là l'ordre traditionnel... Ne laissons pas prévaloir « l'idéologie contre l'ontologie, *l'esprit d'invention contre l'esprit de tradition.* »

sans préambules l'exposition de la foi par l'étude de l'Eglise et de la société catholiques? Ces signes étaient précisément dans les instincts du dix-neuvième siècle et dans les plus intimes dispositions des esprits. Ce siècle, renouvelé par la plus profonde des révolutions, exclusivement attaché à reconstruire ses institutions et ses lois sur de nouvelles assises, préoccupé de relever le pouvoir sans abaisser la liberté, préoccupé surtout d'immenses problèmes économiques, arrêté dans son élan vers un état social meilleur, plus libéral, moins inégal, par conséquent plus chrétien, par des obstacles d'une complication et d'une profondeur inattendues, un tel siècle était mal préparé aux discussions abstraites et aux circuits de la métaphysique. Il fallait le saisir au cœur même de ses pensées, de ses combinaisons, de ses luttes de chaque jour. Pour obtenir de lui un quart d'heure d'attention, il fallait lui dire : Le christianisme aussi est une société : l'Eglise catholique aussi s'occupe du bonheur, de la dignité, de la liberté des hommes ; le Christ aussi est législateur ; l'Évangile aussi est une charte et une constitution. Le P. Lacordaire était trop intelligent de son siècle, il avait trop vécu de sa vie et souffert de ses douleurs, pour ne pas le comprendre ; il combina, dans une méditation puissante et juste, une alliance nouvelle de l'éternelle doctrine avec le génie des temps, et commença son apologie comme d'ordinaire on la pourrait terminer.

Si nouvelle que fût cette méthode, elle n'était pourtant point sans précédents, et saint Augustin, dès le cinquième siècle, en avait légitimé le principe. « Les premiers disciples ont vu Jésus-Christ. dit ce grand « docteur, et ce qu'ils ont vu les a déterminés à croire ce qu'ils ne « voyaient pas encore. Ils ont vu la tête, et ils ont cru au corps, c'est- « à-dire à l'Eglise universelle qui devait se former dans l'avenir. *Nous*, « *nous voyons le corps et nous croyons à la tête.* La vue de Jésus-Christ « ressuscité les soutenait et les faisait croire à l'Eglise : *que la vue de* « *l'Eglise nous soutienne et nous fasse croire à Jésus-Christ*[1]. » Jésus-Christ démontre Dieu par la divinité de son œuvre terrestre, voilà bien le plan de la nouvelle apologie ; mais ce plan, personne encore ne l'avait réalisé dans un grand ouvrage, dans un enseignement de plusieurs années ; personne surtout ne l'avait soutenu par des preuves assez particulièrement opportunes, assez frappantes pour l'heure présente.

---

[1] Toto terrarum orbe Ecclesia diffusa est; omnes gentes habent Ecclesiam. Nemo vos fallat : ipsa est vera, ipsa est catholica. Christum non vidimus, hanc videmus, de illo credamus. Apostoli e contra illum videbant, de ista credebant. Unam rem illi videbant, aliam credebant ; et nos e contra unam rem videmus, aliam credamus. Videbant illi Christum, credebant Ecclesiam quam non videbant ; videmus et nos Ecclesiam, credamus in Christum quem non videmus, et tenentes quod videmus, perveniemus ad eum quem nondum videmus. (Aug., serm. ix, *in dieb. Pasch.*)

Le choix d'un plan n'était pas la seule difficulté que rencontrât la nouvelle apologie. A peine livrée aux souffles de ses inspirations, elle apercevait des écueils que la difficulté des temps rendait pour elle très-redoutables. Dans la longue et incessante controverse qui a pour objet les rapports de la foi et de la raison, deux extrémités contraires ont séduit beaucoup d'esprits parmi nous : une extrémité de confiance dans les forces de la raison humaine, et une extrémité de défiance pour ces mêmes forces ; extrémités ennemies auxquelles le langage théologique a donné les noms de rationalisme et de traditionalisme. Or quel danger n'y avait-il pas d'incliner à l'un ou à l'autre de ces excès, pour cette parole libre, hardie, sans cesse lancée par l'improvisation au milieu de ces difficiles problèmes? Cette parole voulait avant tout ramener à la foi la raison incrédule; et, pour atteindre un but tant désiré, la première condition était certainement de faire tomber ses préjugés, de détruire ses répugnances. Quelle tentation pour l'apologiste d'exagérer alors les droits de la raison, et, pour l'attirer plus facilement, de tomber à son égard dans d'involontaires et trop faibles complaisances? Mais, si par une grande attention sur soi-même, par un grand effort de résistance à ce dangereux attrait, l'apologiste parvenait à le vaincre, quel entraînement alors vers l'extrémité contraire! quelle difficulté à ne pas chercher appui contre sa propre faiblesse dans l'excès qui semblait le plus sûrement en défendre? Les opinions extrêmes séduisent toujours par l'apparence d'une grande netteté. Elles ont pour complices la paresse de notre esprit qui se fâche d'avoir à ménager l'accord de plusieurs vérités différentes, et la faiblesse de notre volonté qui trouve plus d'aise dans le despotisme d'une opinion absolue qu'aux libres et délicats démêlés de la justice. Le Père Lacordaire ne céda point à ces lâches tentations intellectuelles. Il respecta la raison. Il ne céda rien des droits de la foi. Il ne craignit point d'être au sein d'un monde rationaliste l'homme du surnaturel ; mais en même temps il n'affligea ni ne révolta la raison par ces insultes que des écrivains passionnés croient devoir lui adresser au nom de l'orthodoxie.

Tant de mesure plaisait aux bons esprits, mais ne laissait pas ailleurs de rencontrer des blâmes. Certains incrédules, cherchant à parer le coup qui ébranlait leurs doutes, disaient en parlant des *Conférences* : « C'est un système, c'est un essai de conciliation entre la foi et la « philosophie, ce n'est pas la vraie doctrine de l'Eglise catholique, « car la doctrine de l'Eglise, nous le savons fort bien, est toujours « contraire à la raison; » et ces blâmes trop intéressés trouvaient des échos auprès de quelques catholiques habitués à la routine d'une certaine prédication au delà de laquelle tout était nouveauté, danger, scandale. Il ne faut point s'étonner de cette double attaque venue d'extrémités si opposées. On sait comment fut accueillie au dix-septième siècle l'immortelle *Exposition de la foi* par Bossuet. Les protestants disaient : « Monsieur de Meaux est vraiment bien bon de refaire « la doctrine de Rome à notre usage, et, si la foi catholique était ce « qu'il dit, il n'y aurait point de difficultés. Mais nous savons fort bien « qu'il n'en est rien; » et les écrits du temps nous montrent que, parmi les orthodoxes, certains esprits chagrins murmuraient et trouvaient aussi la foi de Bossuet trop raisonnable. Propre et glorieux caractère de la vérité d'être contredite par les deux pôles extrêmes de l'erreur !

Le P. Lacordaire ne s'inquiéta point de ces reproches contradictoires; il y vit la contre-épreuve de son bon droit et suivit sans crainte le sillon que la saine théologie traçait devant lui. C'était suivre en même temps la sûre lumière de la charité. Dieu, qui avait ouvert sa bouche et mis sa gloire sur ses lèvres, avait conduit au pied de sa chaire le plus singulier et le plus étonnant auditoire. Que de préjugés, que d'incertitudes, que de répugnances, que de doutes, que de désirs, que de repentirs, se pressaient chaque dimanche dans cette enceinte de Notre-Dame ! Que d'émotions pour le cœur d'un prêtre ! et dans ce cœur quel amour pour tant d'âmes à sauver ! Comment, à côté de cet amour, je ne sais quelle dureté orgueilleuse aurait-elle trouvé place? Comment ce père, envoyé à tant d'enfants perdus, se serait-il armé de l'épée? Comment aurait-il porté à toutes ces douleurs du doute et de l'inquiétude le défi du spadassin? Comment aurait-il blessé toutes ces âmes venues à lui, sincères et confiantes, par une hauteur pharisaïque ? Ah ! que les pharisiens s'enflent de leur justice et traitent durement les âmes, je le comprends : ils ne portent pas le cœur de Jésus-Christ !

Le P. Lacordaire rencontrait d'autres difficultés, et celles-ci non moins grandes, dans les opinions qui partageaient les esprits sur la puissance et les droits du Saint-Siège. Encore ici la faiblesse pouvait tenter, car beaucoup d'hommes, même catholiques de ce temps, avaient conservé à l'égard de Rome les habitudes d'une extrême défiance. Il était donc très-peu conforme aux règles de la politique humaine d'aborder de front cette opinion puissante, et de lui opposer la doctrine du plus tendre et du plus filial amour. Cependant, si j'ouvre le premier volume des *Conférences*, je vois que le quatrième discours a pour titre : *De l'Etablissement sur la terre du chef de l'Eglise;* c'est-à-dire que le P. Lacordaire ne voulut point parler plus de trois fois à ce difficile auditoire sans lui redire les origines, les malheurs, les gloires, les droits divins de la Papauté; sans plaider devant lui la cause de ce roseau immortel que les orages de la terre peuvent courber, mais qui laisse passer les orages et se redresse toujours plus affermi vers le ciel. Je reconnais-là ce fils courageux et dévoué de l'Eglise romaine qui, en 1833 et en 1834, au milieu des angoisses et des ébranlements que l'on sait, écrivit d'une main que Dieu récompensera les *Considérations sur le système de M. de Lamennais*, et la *Lettre sur le Saint-Siége*.

Combien de fois avons-nous entendu notre cher prédicateur nous montrer dans l'attachement le plus inébranlable à la papauté la meilleure garantie de la liberté des Églises! Combien de fois a-t-il opposé devant nous le tableau de l'Église romaine où tout se conduit par les règles de cette autorité douce qui commande l'obéissance sans humilier, à la dure et honteuse servilité des églises séparées, par exemple, de cette malheureuse église russe qui pleure maintenant dans un avilissement sans bornes le rêve d'une sacrilége indépendance! Combien constamment nous a-t-il appris à entourer le Saint-Siége, à aimer ses droits jusqu'à la jalousie, à craindre pour ses droit sacrés la main des rois, à craindre pour eux l'intervention du glaive terrestre dont l'histoire nous redit partout les trop cruelles trahisons, à aimer Rome, non de cet amour de serviteurs qui flatte dans le péril et croit sauver parce qu'il cache les écueils, mais de cet amour de fils qui aime noblement, qui aime jusqu'à la vérité, qui, sûr de soi-même et prêt à tous les sacrifices, se laisse volontiers vaincre en paroles par les flatteurs, et garde confiant aux pieds de son père la sainte liberté des enfants de Dieu!

C'est un tel amour que nous avons appris : Dieu veuille le garder et l'affermir dans nos cœurs!

Cet amour, noble et pieux que l'illustre voix nous inspirait pour le Saint-Siége, elle nous l'inspira surtout pour celui dont le pasteur visible n'est que le représentant sur la terre. Une parole si libre et si militante, qui se joue des obstacles et les cherche, qui discute les plus hardis problèmes et semble demander le combat, une telle parole sera forte peut-être, elle séduira par sa mâle beauté, « elle aura raison de la raison incrédule » qu'elle forcera de s'avouer vaincue : je le crois sans peine; mais aura-t-elle l'accent de la piété? Saura-t-elle faire jaillir des yeux cette larme qui efface quarante années d'égarements, et du cœur ce serment d'amour qui décide d'une vie dès son matin et la consacre à Dieu pour toujours?

J'en appelle à mes frères, à ceux qui ont entendu surtout les conférences sur Jésus-Christ; à ceux qui étaient là quand l'éloquent religieux prononçait ces paroles que je n'ai point relues et que je ne transcris point sans une profonde émotion : « Seigneur Jésus, « depuis dix ans que je parle de votre Église à cet auditoire, c'est, au « fond, toujours de vous que j'ai parlé; mais, enfin, aujourd'hui plus « directement j'arrive à vous-même, à cette divine figure qui est cha- « que jour l'objet de ma contemplation, à vos pieds sacrés que j'ai

« baisés tant de fois, à vos mains aimables qui m'ont si souvent béni,
« à votre chef couronné de gloire et d'épines, à cette vie dont j'ai
« respiré le parfum dès ma naissance, que mon adolescence a mécon-
« nue, que ma jeunesse a reconquise, que mon âge mûr adore et an-
« nonce à toute créature : ô Père! ô maître ! ô ami! ô Jésus! secon-
« dez-moi plus que jamais, puisqu'étant plus proche de vous il con-
« vient qu'on s'en aperçoive, et que je tire de ma bouche des paroles
« qui se sentent de cet admirable voisinage [1] ! » J'en appelle à ceux
qui, après tant de preuves apportées par l'orateur à la divinité de
Jésus-Christ, lui entendirent donner cette dernière et triomphante
preuve de l'amour, que je laisse encore sa chère voix nous redire ;
l'orateur vient d'établir que l'homme est rarement aimé pendant sa
vie, et que jamais l'amour ne lui survit longtemps pour immorta-
liser sa tombe; il se reprend : « Je me trompe, messieurs, il y a
« un homme dont l'amour garde la tombe; il y a un homme dont le
« sépulcre n'est pas seulement glorieux, comme l'a dit un prophète,
« mais dont le sépulcre est aimé. Il y a un homme dont la cendre,
« après dix-huit siècles, n'est pas refroidie; qui chaque jour renaît
« dans la pensée d'une multitude innombrable d'hommes ; qui est
« visité dans son berceau par les bergers, et par les rois lui apportant
« à l'envi et l'or et l'encens et la myrre. Il y a un homme dont une
« portion considérable de l'humanité reprend les pas sans se lasser
« jamais, et qui, tout disparu qu'il est, se voit suivi par cette foule
« dans tous les lieux de son antique pèlerinage, sur les genoux de sa
« mère, au bord des lacs, au haut des montagnes, dans les sentiers
« des vallées, sous l'ombre des oliviers, dans le secret des déserts. Il
« y a un homme mort et enseveli, dont on épie le sommeil et le réveil,
« dont chaque mot qu'il a dit vibre encore et produit plus que l'amour,
« produit des vertus fructifiant dans l'amour. Il y a un homme attaché
« depuis des siècles à un gibet, et cet homme, des millions d'adorateurs
« le détachent chaque jour de ce trône de son supplice, se mettent à
« genoux devant lui, se prosternent au plus bas qu'ils peuvent sans en
« rougir, et là, par terre, lui baisent avec une indicible ardeur les pieds
« sanglants. Il y a un homme flagellé, tué, crucifié, qu'une inénarrable
« passion ressuscite de la mort et de l'infamie pour le placer dans la
« gloire d'un amour qui ne défaille jamais, qui trouve en lui la paix,
« l'honneur, la joie et jusqu'à l'extase. Il y a un homme poursuivi dans
« son supplice et sa tombe par une inextinguible haine, et qui, deman-
« dant des apôtres et des martyrs à toute une postérité qui se lève,
« trouve des apôtres et des martyrs au sein de toutes les générations.
« Il y a un homme, enfin, et le seul, qui a fondé son amour sur la

[1] 37ᵉ conférence (*De la Vie intime de Jésus-Christ*).

« terre, et cet homme, c'est vous, ô Jésus ! vous qui avez bien voulu
« me baptiser, me oindre, me sacrer dans votre amour, et dont le nom
« seul, en ce moment, ouvre mes entrailles, et en arrache cet accent
« qui me trouble moi-même et que je ne me connaissais pas[1] ! » Je ne
puis plus citer. De telles flammes sont partout dans les conférences de
Notre-Dame, et mes souvenirs ne me trompent point quand j'affirme
que ces flammes passaient de ses lèvres dans nos cœurs. Dieu le savait;
il était l'invisible roi de ces grandes assemblées; lui seul les dirigeait
d'en haut. Quel plus puissant, quel plus sûr piége d'amour que ces
stations du carême prêchées par le P. Lacordaire, et que terminait,
vers la semaine sainte, la suave et austère mélodie d'une voix sancti-
fiée? Dieu alors nous tendait vraiment ses deux bras! Aussi quels
retours de quelles âmes ! Quelles larmes sous quels cheveux blancs!
Quelles résolutions dans combien de jeunes cœurs! Quelles victoires connues de Dieu seul! O Jésus-Christ, ô maître adoré, quelles
que soient les obscurités de l'avenir, nous vous bénirons toujours
d'avoir par de si grands spectacles affermi et réjoui notre jeunesse!

Le P. Lacordaire a donc reçu de Dieu la première grâce des apolo-
gistes : il a été fidèle dans la dispensation de la parole; il a parlé
comme le Maître, comme les saints, comme l'Église : il a été l'homme
de l'éternité.

J'ajoute qu'il a été l'homme du temps.

II

Quand le P. Lacordaire monta pour la première fois dans la chaire
de Notre-Dame, trente-cinq années seulement nous séparaient du dix-
huitième siècle. Jamais peut-être, depuis le commencement du christianisme, divorce aussi cruel n'avait éclaté entre Dieu et les hommes,
entre le temps et l'éternité; jamais l'illégitimité d'un tel divorce n'a-
vait été prouvée à toute la terre par plus de malheurs, plus de sang et
plus de regrets. Quoique la main du Dieu qui « a fait guérissables les
nations de la terre » ait déjà touché la blessure que ces malheureux
jours firent à notre France, il s'en faut cependant que cette blessure
soit encore fermée. C'est donc un devoir pour nous, catholiques, d'en
connaître parfaitement les causes, en même temps que sans cette con-
naissance l'on ne saurait comprendre ce que le P. Lacordaire fut appelé à faire parmi nous.

Il arriva donc qu'aux temps dont je parle la société moderne,

[1] 39ᵉ conférence (*De l'Établissement du règne de Jésus-Christ*).

échappée aux ruines sanglantes de 1793, encore portée par le généreux élan de 1789, avait construit tout l'édifice de ses espérances à la lumière de trois rayons qu'elle avait reçus de ses pères : le rayon de l'égalité civile, le rayon de la liberté religieuse et le rayon de la liberté politique. Ces trois rayons avaient guidé la main de ses législateurs, illuminé l'éloquence de ses orateurs et de ses poëtes, enflammé le génie de ses artistes, gagné partout l'opinion. Ils éclairaient alors tout ce qu'il y avait de jeune en France. Mais, par un malentendu digne de larmes, ces rayons purs dans leur origine chrétienne, et apportés par l'Évangile même à la terre qui, jusque-là, ne les avait presque jamais connus, ces purs et saints rayons avaient été odieusement souillés, pervertis, détournés de leur source et de leur but par la plus formidable conjuration que la terre ait jamais vue se former contre Dieu. Un siècle tout entier avait été prêté au maître du mal pour éprouver la foi du vieux monde chrétien, et il n'y a plaies, ruines et désastres dont le nouveau Job n'eût été couvert dans l'âme et dans le corps. Le mot d'ordre était : la liberté religieuse, l'égalité civile, la liberté politique contre le christianisme; et sur-le-champ une foule d'esprits éminents, hardis, populaires, s'étaient mis à l'œuvre avec un tel ensemble, une telle discipline, une telle prévoyance, un si prodigieux accord, que ce sera l'éternel honneur de l'Église de France qu'elle ait pu survivre à de tels coups. Tout pensait, tout parlait, tout prouvait la même chose. Pas un discours politique, pas une dissertation de philosophie, pas une leçon de géologie ou d'anatomie, pas une proposition mathématique, pas un signe d'algèbre, qui ne fût mis en rang de bataille contre le Christ; pas un livre, pas une page, pas une ligne, où l'on ne prouvât que, sans l'extinction de l'Église, c'en était fait des espérances de la liberté. Tel est l'héritage que notre siècle avait reçu du siècle de l'*Encyclopédie*. Seulement Dieu, « qui laisse l'homme dans la main de son conseil, » mais ne cesse pas de l'éclairer par de salutaires leçons, Dieu avait permis que de cruels revers vinssent éclairer la France, et, comme il arrive souvent, la ramener à lui par les larmes.

Ces trois grands principes que nous avons tout à l'heure nommés, déracinés de l'Évangile et forcés d'apostasier leur baptême, avaient enfanté parmi nous les plus bizarres et les plus douloureuses erreurs. La liberté politique, à peine livrée au souffle du temps, s'était brisée aux deux écueils de l'anarchie révolutionnaire et du despotisme; la liberté religieuse était devenue l'athéisme, ou tout au plus l'indifférence en matière de religion ; l'égalité civile enfantait chaque matin une nouvelle utopie, et l'école saint-simonienne venait de donner au monde le triste spectacle d'une idée divine tombée dans le plus misérable des ridicules.

Meurtrie, mais instruite par ces infortunes, la raison française s'ëtait enfin mise en défiance contre les blasphèmes du dix-huitième siècle. Le clergé, détaché de l'alliance du pouvoir par la Révolution de 1830, gardait ce poste modeste, mais sûr, de l'indépendance, où la crainte des révolutions ne trouble pas les saints travaux de l'apostolat, parce qu'on est sans reproche, par conséquent sans peur. Édifiée par un si noble spectacle, l'opinion se divisait, et l'une de ses meilleures parts s'était déjà rapprochée de l'Eglise. De grands esprits ne craignaient plus de la défendre hautement, protégés tous et dominés par le grand nom de M. de Chateaubriand, qui, de jour en jour, en s'approchant de l'éternité, découvrait mieux le génie social du christianisme. C'était donc le fort du combat, mais avec des chances de victoire; c'était l'heure des grandes incertitudes et des grandes hésitations pour l'incrédulité, « l'heure de croire à tout ou à rien, » quand le P. Lacordaire parut à Notre Dame, et y prononça la première des conférences.

On pouvait hésiter sur le choix des moyens, mais l'œuvre à accomplir n'était pas douteuse. Il n'y avait rien à faire, ou il fallait entreprendre de réconcilier la société moderne avec l'Evangile, en lui montrant que les principes fondamentaux de sa nouvelle existence, loin de rencontrer dans le christianisme un implacable adversaire, ne s'étaient développés dans le monde qu'à la lumière des idées chrétiennes. Il fallait lui dire que la liberté politique, si elle n'était ni la licence révolutionnaire ni le prête-nom de l'anarchie, pouvait être chère à l'Eglise catholique, et désormais l'une de ses garanties terrestres les plus assurées. Il fallait lui montrer dans l'Evangile la source de tout progrès social, de tout acheminement légitime à une moins grande inégalité entre les hommes, le livre par excellence des petits et des pauvres, sans lequel toute réformation sociale ne serait jamais qu'un rêve plus ou moins taché de sang. Il fallait lui dire enfin que l'intolérance civile, celle qui consiste à substituer les violences du glaive ou de l'autorité terrestre à l'apostolat de la parole, et à convertir le sabre à la main, loin d'être, comme on l'affirmait depuis soixante ans, un article de la foi catholique, n'était qu'une épouvantable doctrine, condamnée par les saints et odieuse à l'Eglise.

Il fallait lui dire ces choses, les lui dire avec une conviction sincère comme l'honneur, les lui dire avec une modération et une prudence d'autant plus grande, que toutes les passions veillaient en armes autour de ces grandes idées, prêtes à tout confondre et à tout compromettre.

On a dit de Manin, le noble et infortuné soldat de la liberté vénitienne, qu'il fut durant toute sa carrière *un défenseur passionné de principes modérés*. Ce grand éloge, le plus pur peut-être qui puisse récompenser l'honnête homme venu en des jours mauvais, je le réclame sans crainte pour le P. Lacordaire. Lui aussi eut cette gloire de mettre au service de principes modérés toute l'ardeur dont s'enflamment seules d'ordinaire les opinions extrêmes; lui aussi eut le bonheur de rester fidèle aux idées libres et généreuses, de ne les point exagérer, comme quelques-uns, durant leur triomphe, de ne les point trahir comme presque tous après leurs revers; lui aussi, enfin, il eut affaire à la calomnie : c'est le sort de la justice dans les temps de grandes violences. Il fut dénoncé par les uns comme un révolutionnaire, dénoncé par les autres comme un apostat de la liberté. C'est pourquoi je crois servir la justice et écrire pour l'édification de plusieurs, en retraçant les grandes lignes d'un enseignement que l'inintelligence et la mauvaise foi parvinrent trop souvent à défigurer.

Le P. Lacordaire entreprit donc de réconcilier avec l'Église les principes de la société moderne sur la liberté. A cet égard il eut le bonheur d'agir autant que de parler, et de donner à l'alliance des idées catholiques et libérales l'autorité d'un grand exemple. On se rappelle l'affaire de l'École libre, et ce premier combat public dans lequel s'illustra de si bonne heure la gloire, jeune alors, du comte de Montalembert. La liberté que l'on réclamait était la liberté d'enseignement. C'était une cause importante par elle-même, et dont le triomphe honorera l'histoire de nos jours, bien qu'il se soit montré, comme il arrive souvent, ingrat envers ses origines. Mais, si grand que fût le débat en lui-même, il n'y avait rien qui dût davantage frapper l'attention que l'attitude nouvelle prise devant la nation par le catholicisme. Il entrait dans la première assemblée de France couvert du manteau de la liberté; il parlait au nom des droits nouveaux, il tenait à la main la Charte de 1830, il invoquait les promesses d'une révolution. C'était un spectacle fâcheux pour tant de publicistes qui, chaque matin, réjouissaient le cœur de la bourgeoisie voltairienne, en lui dénonçant les tendances antilibérales des catholiques. Le vieux malentendu allait donc s'évanouir? Quel dommage! quel danger!

Le second acte public du P. Lacordaire fut encore accompli au nom et sous la garde de la liberté. Il s'agissait de rétablir en France l'ordre des frères prêcheurs. Une foule d'hommes croyaient à l'extinction radicale des ordres religieux et se flattaient de l'espérance que jamais un moine ne « sortirait plus de dessous terre. » Bonnes gens qui connaissaient peu la nature humaine, et qu'étonna le célèbre mot d'alors si spirituel et si profond : « Les chênes et les moines sont éternels[1] ! » Mais ce qu'il y avait d'incroyablement nouveau, c'est que les moines demandaient à reparaître au nom des libertés modernes. Le *Mémoire sur le rétablissement en france de l'ordre des Frères prê-*

___

[1] Mémoire pour le rétablissement de l'ordre des frères prêcheurs.

cheurs n'avait pas d'autre argument fondamental, et son premier chapitre se terminait en saluant par de brûlantes paroles l'alliance de la religion et de la liberté.

C'est encore au nom de la liberté que le P. Lacordaire amena le froc de Saint-Dominique dans la chaire de Notre-Dame. Elle seule le couvrait de son égide, et je ne calomnierai personne en avançant que les hommes aux mains desquels étaient alors les destinées de la France, s'ils ne provoquaient pas la ruine d'une entreprise si hardie, n'eussent rien fait du moins pour la protéger. La liberté seule la garda : l'orateur le savait; aussi les premières paroles du *Discours sur la vocation de la nation française* furent-elles un salut de paix et de reconnaissance à la patrie et à la liberté.

Enfin, quand la révolution de 1848 venait à peine d'étonner le monde par la soudaineté de ses coups, c'est au nom de la liberté que le prédicateur de Notre-Dame garda le poste du combat devenu celui de l'honneur ; c'est la liberté frémissante et en armes qui, au lendemain de ses victoires, acclama dans Notre-Dame la parole de Dieu; c'est la liberté qui le tira du cloître, qui l'obligea de paraître au moins pour quelques jours dans l'Assemblée constituante, et d'y faire entendre une voix qu'elle avait tant de fois protégée.

Toute la vie publique du P. Lacordaire, depuis le procès de l'École libre jusqu'à la dernière révolution, avait donc été le vivant exemple de ce rapprochement tant appelé, tant invoqué, entre les saines idées libérales et l'Église catholique. Ses doctrines ne furent que le complément d'un si grand exemple ; et, parce que ce ne serait ni le temps ni le lieu d'évoquer des idées qui ne sont point de ces jours, je me bornerai à rappeler la dernière des *Conférences de Toulouse*, qui a pour titre : *De l'influence de la vie surnaturelle sur la vie privée et la vie publique*. Elle s'ouvre par cette grande peinture, digne des maîtres : « Dans la vie privée l'homme est en face de lui-même ; dans la vie « publique il est en face d'un peuple. Là ce sont ses devoirs et ses « droits personnels, son perfectionnement et sa félicité propres, qui « commandent sa sollicitude ; ici ce sont les devoirs et les droits, le « perfectionnement et la félicité d'un peuple qui préoccupent sa pen-« sée. Et comme évidemment un peuple est plus qu'un homme, évi-« demment aussi la vie publique est supérieure à la vie privée. La vie « privée, toute seule, touche à l'égoïsme ; ses vertus mêmes, si elles « ne prennent leur vol dans une région plus vaste, se corrompent « aisément sous l'empire d'une étroite fascination. En voulez-vous la « preuve? ouvrez l'histoire. Elle ne nous montre jusqu'ici que deux « sortes de peuples : les uns façonnés à la vie publique; les autres « frustrés de toute part à la direction de leurs affaires, et tenus en tu-« telle sous un maître qui ne leur accorde que de vivre sans se plain-

« dre à l'abri des lois qu'il leur fait. Or voici pour ces peuples-là les
« conséquences de leur condamnation à la vie privée :

« Toute activité publique leur étant impossible, il ne leur reste
« comme moyen d'élévation que la richesse, et pour occupation sé-
« rieuse que de l'acquérir. L'esprit de lucre s'empare des cœurs. La
« patrie, qui est le lieu des grandes choses, se change en une place de
« commerce. Elle a des facteurs pour citoyens, des comptoirs pour
« tribune, et la Banque ou la Bourse pour Capitole. Les générations y
« dédaignent les lettres, parce qu'elles ne conduisent pas à la for-
« tune; et, si la nature, toujours féconde malgré les hommes, y produit
« encore de vifs esprits, on les voit, déserteurs de leurs dons et réné-
« gats du génie, transformer leur muse en courtisane et trahir, par
« soif de l'or, la pudeur et la vérité. Les poëtes aspirent à la dignité
« d'hommes de finances, et le bruit de la gloire leur paraît un songe
« devant le bruit de l'écu. Toute charge se mesure à son traitement,
« tout honneur à son profit. Les plus grands noms, s'il y a de grands
« noms dans une telle société, apparaissent derrière des œuvres d'in-
« dustrie; et ces œuvres, utiles à la troisième ou quatrième place,
« prennent avec ingénuité le premier rang, qu'on ne leur conteste
« pas. Ceux-là même qui administrent les intérêts généraux ne dédai-
« gnent pas de s'enrichir comme de simples particuliers. Nul ne sait
« être pauvre, pas même les riches. Le luxe croît avec la cupidité, et
« ce débordement des goûts partage le peuple en deux fractions qui
« n'ont plus rien de commun : ceux qui jouissent de tout, et ceux
« qui ne jouissent de rien. Au lieu que dans les pays de vie publique,
« l'honneur de prendre part aux affaires excite une généreuse ambi-
« tion, et place au sommet de la cité un glorieux contre-poids des
« basses tendances de la nature humaine ; ici, chez les peuples de vie
« privée, rien n'arrête le cours du sang et de l'abjection. La cupidité
« commence, le luxe suit, la corruption des mœurs achève.

L'alternative posée, laquelle de ces deux vies le christianisme
développera-t-il dans les nations? La vie privée ou la vie publique? la vie égoïste ou la vie généreuse? Que dit l'histoire? Quelle
marche a suivie l'Occident chrétien, à partir du Bas-Empire jusqu'au seizième siècle? Qui a protégé l'enfance des temps barbares?
Qui a béni la formation des monarchies chrétiennes, tempérées
par le concours de ces assemblées nationales où les évêques
paraissaient à la droite des barons? L'Évangile n'était-il pas toujours
là élevant le petit, encourageant le faible, tendant toujours à transformer l'esclave en serf, le serf en ouvrier, l'ouvrier en bourgeois ;
préparant ainsi l'affranchissement des communes, préparant plus que
cela, et soutenant l'humanité dans cette marche périlleuse, mais irré-
sistible de la liberté? Il est vrai qu'avec le seizième et le dix-septième

siècles de si belles traditions furent brisées par la monarchie absolue qui entreprit de s'élever seule sur les ruines de la noblesse et des libertés nationales. Mais alors que fit la nation française, cette nation élevée par l'Église? Incapable de supporter longtemps le régime du despotisme, elle se leva et redemanda fièrement son ancien droit public chrétien, celui qu'elle avait appris de ses évêques dans son enfance. Par malheur, l'entraînement révolutionnaire l'égara. Dans son amour pour l'avenir elle condamna et rejeta tout le passé, elle rejeta sa foi, elle rejeta l'Église, et cette fatale erreur est encore aujourd'hui la source de nos douloureuses agitations. « Le christianisme ayant été « repoussé par une révolution mal conduite, ce mouvement si juste « dans ses causes n'a pu s'asseoir après plus de soixante ans d'efforts, « attestant ainsi par ses chutes qu'il avait trop présumé de lui, et que « les peuples chrétiens, quoi qu'ils veuillent tenter, ne l'accompliront « jamais sans le secours de la foi qui les a faits ce qu'ils sont [1]. » Cependant les nations sont libres comme les personnes, et, sous la main de Dieu, maîtresses de leurs destinées. Rien n'est donc encore irrévocablement perdu, parce que peut revivre l'antique alliance de l'Église avec les libertés nationales ; et le jour qui ressuscitera cette alliance sera seul le jour du salut.

Tel est, dans un imparfait résumé, ce beau discours où de grands regrets sont tempérés par de grandes espérances, et qui laisse l'esprit, sinon sans inquiétudes, du moins sans découragement. Je ne veux point chercher ailleurs la doctrine politique du R. P. Lacordaire. Dans tout ce qu'elle a de capital, elle est ici. Les discussions sur les formes du gouvernement, sans être indifférentes à la politique chrétienne, la touchent certainement moins que les principes fondamentaux du droit public, et c'est surtout sur ce terrain qu'il fallait, qu'il faut encore réconcilier l'Église avec le siècle. Le P. Lacordaire n'a pas cessé, par sa conduite et par sa parole, de travailler à cette réconciliation : c'est une grâce et un honneur.

Je le suivrai plus rapidement dans les efforts qu'il a faits pour réconcilier l'Église et le siècle sur le terrain de la liberté de conscience et sur celui de l'égalité civile ou du progrès social.

Il n'y a préjugés et calomnies que le dix-huitième siècle n'ait répandus contre la doctrine catholique au sujet de la liberté de conscience. D'une part on a rejeté sur elle l'odieux de tout le sang qui coula depuis dix-huit siècles pour des causes de religion, et d'autre part on a déclaré que la liberté de conscience n'était pas une simple liberté extérieure ou civile, mais un affranchissement intérieur, l'affranchissement philosophique, le dégagement d'une âme qui laisse les vieilles

<hr>

[1] *Conférences de Toulouse*, 6ᵉ conf.

formes, en un mot l'indifférence en religion. A ces deux erreurs, profondément enracinées parmi nous, le P. Lacordaire ne cessa d'opposer
d'une part les traditions de la douceur évangélique, de l'autre l'inflexibilité de la foi; au reproche d'intolérance, la doctrine de la tolérance civile; au système de l'indifférence en religion, la doctrine de
l'unité religieuse. Il aborde nettement la question : « Il est certain,
« dit-il, que l'Église, en tant qu'Église, ne possède pas le droit du
« glaive matériel, qu'elle est fondée sur la persuasion, que la foi ne
« doit pas être arrachée par la violence[1]. » Mais, s'il avance cette doctrine qui est celle des plus grands saints et des plus grands génies
catholiques, il venge l'histoire de l'Église en prouvant que les temps
la dominèrent plus d'une fois et lui imposèrent des conditions dont elle
ne porte pas la responsabilité[2]. Dans le *Discours sur la loi de l'histoire*,
il oppose à la doctrine protestante ou rationaliste sur la liberté religieuse, c'est-à-dire à la négation de l'autorité et de l'unité catholiques,
les principes nouveaux universellement acceptés au dix-neuvième
siècle sur la liberté de conscience; « principes qui ne touchent en
« rien au dogme, à la morale, au culte, à l'autorité de l'Église, et qui
« n'ont pas enlevé un pouce de terre à la juridiction du pontife ro-
« main[3]. » Il en appelle de la révocation de l'Édit de Nantes, qu'il
condamne avec l'indignation du monde entier, à des temps où la foi
catholique trouvera des serviteurs plus dignes de son esprit. Ces temps
commencent déjà : « La tolérance qui rejette le glaive, sans désarmer
« la foi, s'introduit au fond des cœurs. On se lasse de s'exterminer
« de part et d'autre sans profit pour Dieu ni pour les hommes, et le
« jour arrive où le genre humain recueilli, la main sur ses blessures et
« l'esprit levé vers son Père, n'attend plus que de la charité le triom-
« phe de la vérité[4]. »

Mais surtout entendons l'avertissement que nous donne cette voix
chère et respectée. Elle venait de redire les victoires d'O'Connell, et
nous révélait les nobles moyens par lesquels ce fils de l'Église avait
tant obtenu pour l'émancipation des catholiques; elle poursuit : « A la
« persévérance dans la réclamation du droit, O'Connell ajoutait une
« condition qui lui parut toujours d'une souveraine importance, c'é-
« tait d'en être un irréprochable organe; et, à expliquer cette maxime
« par sa conduite, on voit d'abord qu'il entendait que tout serviteur
« de la liberté la voulût également et efficacement pour tous, non pas
« seulement pour son parti, mais pour le parti adverse; non pas seu-

---

[1] 7ᵉ conférence (*De la Puissance coërcitive de l'Église*).
[2] Voir *Hist. de saint Dominique*, ch. vi et suiv.
[3] Voy. *Discours sur la loi de l'Histoire*, p. 294.
[4] *Ibid.*, p. 308

« lement pour sa religion, mais pour toutes[1]: non pas seulement pour
« son pays, mais pour le monde entier. L'humanité est une, et ses
« droits sont les mêmes partout, encore que leur exercice diffère selon
« l'état des mœurs et des esprits. Quiconque excepte un seul homme
« dans la réclamation du droit, quiconque consent à la servitude d'un
« seul homme, blanc ou noir, ne fût-ce même que par un cheveu de sa
« tête injustement lié, celui-là n'est pas un homme sincère et ne mé-
« rite pas de combattre pour la cause sacrée du genre humain. La
« conscience publique repoussera toujours l'homme qui demande une
« liberté excessive ou même insouciante du droit d'autrui ; car la li-
« berté excessive n'est plus qu'un privilége, et la liberté insouciante
« des autres n'est plus qu'une trahison. » — « Oui, catholiques, en-
« tendez-le bien, si vous voulez la liberté pour vous, il vous faut la
« vouloir pour tous les hommes et sous tous les cieux. Si vous ne la
« demandez que pour vous, on ne vous l'accordera jamais ; donnez-la
« où vous êtes les maîtres, afin qu'on vous la donne où vous êtes es-
« claves[2]. » Grandes paroles, auxquelles nous ne saurions rien ajouter,
si ce n'est une prière au Dieu qui tient les rênes des esprits, et qui seul
peut les ramener, quand il lui plaît, des voies de l'inconséquence et du
déshonneur !

Je termine cette étude en rappelant ce que le R. P. Lacordaire
a fait pour réconcilier le siècle avec l'Église sur le terrain du progrès
social. Le caractère de notre siècle n'est évidemment pas le goût des
abstractions. Ce siècle est très-peu porté aux disputes métaphysiques.
En revanche, et c'est sa gloire, il s'est, plus qu'aucun autre temps,
préoccupé des grands problèmes sociaux, du progrès de tous dans la
lumière, dans la vie, dans l'aisance honnête ; du paupérisme et de ses
causes, des moyens de régler plus justement les rapports du faible
avec le fort, du pauvre avec le riche, de celui qui travaille avec celui
qui commande et qui paye. Ces nobles et grandes préoccupations, si
elles ont donné naissance à de folles utopies, ont multiplié d'autre
part les forces de l'intelligence et de la charité chrétiennes. Il ne faut
pas voir exclusivement les excès de l'école socialiste et ces rêves
fantastiques éclos, parmi quelques grandes vues, dans l'imagination de
Saint-Simon et de Fourier. Tout notre siècle n'est pas là. Il est aussi
dans mille institutions admirables, nées du même souffle, mais dirigées
par le bon sens chrétien ; il est dans tout un monde d'espérances, de
désirs, d'attentes, monde immense dont tous les grands cœurs de ce

---

[1] Est-il besoin de rappeler que par cette phrase : La liberté pour *toutes* les reli-
gions, le P. Lacordaire entend seulement : « le respect de tous les cultes qui ne
« sont pas immoraux, » comme il s'en explique lui-même plusieurs fois. Voy.
le *Discours sur la loi de l'Hist.*, p. 291.

[2] *Oraison funèbre d'O'Connell.*

siècle sont citoyens ; il est aussi et surtout dans la préoccupation particulière où vivent les âmes de ces grandes questions et de ces généreuses recherches. Ici encore la parole du P. Lacordaire devait donc éviter deux écueils : il fallait craindre de flatter les utopies ; il fallait craindre, si je l'ose dire, encore plus de décourager les généreux élans. Surtout il fallait respecter, en les combattant, des erreurs nées cette fois d'ambitions généreuses et souvent même de saintes aspirations.

Cette voie droite et sûre, le P. Lacordaire l'a constamment gardée. Qu'on relise les conférences de l'année 1845 réunies sous ce titre : *Des effets de la doctrine catholique sur la société*, et spécialement celles qui traitent du droit, de la propriété, de l'autorité, de la famille, de l'association ; partout on trouvera également défendues les saines traditions du droit social et les légitimes espérances du progrès. La Conférence qui défend le droit de propriété réfute plus particulièrement la principale erreur de certaines écoles socialistes et démontre que l'organisation d'un Etat dans lequel la répartition des biens selon les capacités succéderait au droit de propriété serait le théâtre de la plus affreuse et de la plus intolérable des tyrannies. Mais, tout en combattant de tels dangers, qui sont vraiment ceux de nos jours, l'orateur se garde de la violence et de l'injure envers des illusions souvent sœurs de la miséricorde. J'aime alors ses calmes et sages paroles : « Je com-« battrai ces objections, messieurs, sans manquer d'égards pour ceux « qui s'en préoccupent ; car, au milieu des maux qui sont le résultat de « la diminution de la vérité et de la charité sur la terre, il est naturel « de rencontrer des hommes assez dévoués pour en souffrir, assez ingé-« nieux pour en chercher le remède, mais trop peu éclairés pour ne pas « s'égarer dans les combinaisons de leur esprit. D'autres, qui n'ont pas « davantage la vérité, s'inquiètent moins du sort de leurs semblables, « et passent avec indifférence à côté des grandes questions : je préfère « les premiers, et je combats leurs erreurs, en y respectant, toutes les « fois qu'il est possible, les illusions du dévouement[1]. »

Le P. Lacordaire ne se borne pas à réfuter les fausses doctrines so-ciales ; il en suit, il en découvre la racine dans le cœur humain : « C'est « que, la propriété étant le souverain bien de ceux qui n'ont pas en-« tendu cette parole : Bienheureux les pauvres, il s'ensuit que les « révolutions antichrétiennes doivent tôt ou tard se résoudre en un « bouleversement de la propriété[2]. » A un mal si menaçant, quel sera le remède ? Celui qui releva l'ancien monde de ses effroyables ruines, celui qui guérit les plaies des esclaves et vint allumer sur la terre les

---

[1] 33ᵉ conférence. (*De l'influence de la société catholique sur le droit de propriété.*)
[2] *Préface aux Considérations sur le système philosophique de M. de Lamennais.*

flammes d'un inextinguible amour : Jésus-Christ, Jésus-Christ seul !
C'est en vain que la philanthropie sincère prétend se passer de Dieu.
Plus elle descendra profondément dans l'abîme des misères humaines,
plus elle sentira nécessaire, contre le froid des ténèbres et du déses-
poir, le secours du Roi éternel des pauvres. Dans l'impuissance où elle
se verra de soulager efficacement les angoisses de l'homme et de cal-
mer son cœur, sa générosité même et son dévouement lui seront un
supplice. Alors elle reviendra sur ses pas et ne voudra plus retourner
au combat de la charité contre la misère sans apporter aux âmes le
nom de Jésus-Christ, ce sacrement de l'éternelle consolation !

Quant aux rois païens de la fortune, quant à ceux qui dévorent la
terre comme un festin et qui, ne comprenant plus rien à Jésus-Christ,
n'en ont vaguement retenu qu'une parole qu'ils retournent, défigu-
rent, et s'en vont ensuite répéter stupidement par le monde : « Il y
« aura toujours des pauvres ! » quant à ces hommes qui passent leur
vie à décourager le monde d'un avenir meilleur, qui, par le scandale
d'une prospérité impie, ont séduit l'esprit du pauvre et lui ont jeté
dans le cœur la passion de la jouissance, puisque enfin jouir, c'est le
bonheur ! quant à ceux-là, ils ignorent la profondeur des abîmes que
leur propre fortune creuse sous leurs pas. Quand l'abîme s'ouvrira, ils
s'étonneront de l'immensité de leurs maux. Des ténèbres sanglantes
auront obscurci l'éclat du festin, et, dans l'ivresse d'une orgie à peine
interrompue, ils demanderont ce qui trouble Balthazar. Mais une voix
claire comme la justice de Dieu leur dira : « Jésus-Christ avait fondé la
« propriété du pauvre, sa dignité et sa béatitude ; vous avez altéré
« toutes les trois. Vous avez diminué la propriété du pauvre par l'ac-
« croissement de la propriété incrédule plus ou moins retournée à
« l'égoïsme païen, vous avez diminué la dignité du pauvre en attaquant
« Jésus-Christ qui en est la source ; vous avez diminué la béatitude du
« pauvre en lui persuadant que la richesse est tout, et que la félicité,
« fille de la Bourse, est cotée et parafée au grand livre de la dette pu-
« blique : vous en recueillez les fruits[1]. »

Puissent du moins ces jours, si la colère de Dieu en laissait grandir
la menaçante aurore, puissent ces jours n'être pas cette fois une inu-
tile leçon, et, contre l'indifférence coupable des hommes d'argent,
contre les rêves impuissants de la pure philanthropie, donner naissance
parmi nous à une nouvelle science sociale, à une nouvelle économie
politique, dont le premier maître sera Jésus-Christ, et qui n'aura pas
rejeté follement les inspirations de l'Évangile.

Telles sont les doctrines que le R. P. Lacordaire a laissées dans nos
cœurs ; tels sont les efforts qu'il n'a cessé de faire pour ramener la

____

[1] 53ᵉ conférence.

lumière chrétienne dans les idées, dans les recherches, dans les inspirations de l'esprit moderne, pour réconcilier le siècle avec l'Église et
le sauver des tempêtes en le recueillant dans cette nef immortelle.
Apologiste d'une doctrine immuable, il a su la faire aimer d'une géné-
ration pleine d'inquiétudes, d'agitations, d'attentes sans fin ; il a
élevé devant nous le monument de la paix à venir : ce sont les élo-
quents ouvrages dont la diffusion une fois de plus renouvelée a été
l'occasion de cet écrit. Le cher et illustre maître nous parle encore
dans ses livres. Il y continue le grand effort qu'il a reçu de Dieu la
mission d'accomplir : il y est toujours cette voix à laquelle répondent
deux voix : une voix du temps et une voix de l'Éternité. Si les échos
de Notre-Dame n'apportent plus ses accents à nos oreilles ravies, les
échos de Sorèze nous rediront souvent encore qu'il pense à nous, qu'il
combat avec nous, qu'il travaille pour nous. Il sentira que les déclins
qu'il nous a tant de fois prédits, malgré lui, respectent son front, et
qu'il nous doit, après les brûlants éclats de l'été, les trésors plus divins d'un second automne. Et, si l'heure venait de la fatigue après tant
de travaux, j'ose croire que nous le soutiendrions longtemps encore
par la jeune ardeur de notre admiration et de notre amour. Permet-
trait-il alors à des voix dont il sait la respectueuse et filiale liberté de
lui crier hardiment courage ? — Oui, courage ! cher et vénéré Père,
courage ! car longtemps encore nous aurons besoin de vous !

Pour nous, qui fûmes les auditeurs de la parole, *auditores verbi*,
ressemblerons-nous à cet homme de néant dont parle l'Apôtre, qui,
un instant, « a considéré dans le miroir le visage de sa naissance, et
« s'en va s'oublier soi-même, » fasciné par la niaiserie des distractions
habituelles ? *Consideravit se, et abiit, et statim oblitus est*[1]... Ou bien,
frappés par le glaive de la parole jusqu'au cœur, deviendrons-nous de vé-
ritables ouvriers de progrès et de justice, selon l'appel du texte saint :
Estote autem factores verbi et non auditores tantum[2]. Si forte que soit
la voix qui s'efforce de conjurer de menaçants malheurs, pour une
telle œuvre est-ce assez d'une voix ? Et, si grand que soit le cœur
qui a voulu réconcilier le siècle avec l'Église, pour un si grand ouvrage
est-ce assez d'un cœur ? Combien sommes-nous de jeunes hommes
décidés à continuer, coûte que coûte, une si sainte entreprise ?
Je parle à mes jeunes frères, à ceux que j'ai vus et aimés, il y a dix
ans, au pied de la chaire de Notre-Dame. Nous étions unis alors,
nous nous connaissions. On savait où se retrouver. On vivait de généreuses espérances, de courageuses résolutions. Pourquoi l'inévitable
dispersion du temps et de la vie glacerait-elle en nous ces saintes

[1] *Épître de S. Jacques*, ch. i.
[2] *Épître de S. Jacques*, ch. i.

flammes? Partout l'œuvre est encore possible, partout elle est sacrée entreprise avec un cœur sincère, vraiment filial pour Dieu, vraiment fraternel pour les hommes, partout elle sera bénie.

L'avenir est menaçant, je le sais. Il faut grand cœur pour marcher droit quand la lumière tremble : je le sais encore et je le sens. Mais d'abord pour nous, chrétiens, il est une lumière qui ne vacille ni ne s'éteint jamais : la sainte lumière de la foi et de la piété. Tirons de là notre courage, et retrouvons aux pieds de Dieu le secret d'un durable enthousiasme. Laissons dire les apôtres du découragement. Il y a des gens par le monde qui décourageraient, s'ils le pouvaient, jusqu'aux vertus du ciel. Espérons et travaillons. Devenons forts contre les obstacles du dehors, forts aussi contre nous-mêmes et contre l'entraînement de nos ardeurs. Qu'on puisse dire de nous : Ils défendent avec passion de sages doctrines. Travaillons à l'union, à la paix, à l'extinction des vieux préjugés, des vieux malentendus. Quand ces odieux fantômes s'évanouiront-ils pour laisser à découvert le visage de la sainte Église? Ceux qui à cette heure même lui préparent un nouveau calvaire ne l'ont jamais approchée, ne l'ont jamais connue! Ne comprenez-vous pas que tout est là? « Ils ne savent ce qu'ils font! »

Recueillons enfin les enseignements du passé. Surtout croyons à la parole. Spectateurs de ses plus purs et de ses plus éclatants triomphes. ne soyons point ingrats envers elle. Demeurons les amis dévoués, les amis obstinés de la parole libre! Voyez à nos portes les ennemis de l'Église outrager et violenter effrontément la liberté de la parole. C'est donc qu'ils la craignent? c'est donc qu'elle nous servirait? Plus ils la veulent mensongère et avilie, plus nous la devons vouloir sincère, sachant qu'elle seule a le secret des cœurs, qu'elle seule dispose des âmes, et que remettre le sort de la vérité en des mains de fer, ce n'est que manque de foi et illusion d'âme lâche.

Aujourd'hui, plus que jamais, n'attendons rien que de la pure prédication de l'Évangile, et gravons dans nos cœurs ces paroles qui ont comme l'accent d'une prophétie : « Les révolutions modernes, étant « doctrinales, ne finiront pas, comme celles de l'antiquité, par un « homme ou un accident, elles ne finiront que par une doctrine[1]. »

---

[1] *Conférences de Notre-Dame,* 60ᵉ conférence.

9 782014 466287